Inhalt

Familien begegnen uns in vielfältigen Formen. In diesem Heft und auf den Karten sind daher mit dem Begriff *Eltern* alle Menschen gemeint, die als Erziehungsberechtigte Verantwortung für ein Kind tragen. Bei personenbezogenen Hauptwörtern haben wir uns für die Verwendung der weiblichen Form entschieden. Der Verzicht auf eine genderneutrale Anpassung ist der besseren Lesbarkeit geschuldet, alle Geschlechter sind hier gleichermaßen angesprochen. Mit dem Begriff *Pädagogin* meinen wir alle Personen, die in der Kita im pädagogischen Kontext tätig sind, unabhängig von ihrer Ausbildung oder ihrer Berufsbezeichnung.

Vorwort: Zur Arbeit mit diesen Karten und dem Begleitheft

Du möchtest gemeinsam mit deinem Team die ko-konstruktive Arbeit weiterentwickeln? Das vorliegende Kartenset hilft dir, diesen Weg zu gestalten. Jede Karte stellt einen Kernaspekt des Themengebiets vor. Der Einstieg wird durch ein Praxisbeispiel dargestellt, das den Transfer in deinen Arbeitsalltag erleichtert und dir konkrete Ideen zur Umsetzung gibt. Auf den Rückseiten findest du Reflexionsfragen, die du individuell, aber auch gemeinsam mit deinem Team bearbeiten kannst.

Die Karten begleiten den Prozess

Die Karten sind so gestaltet, dass sie den Teamprozess begleiten, der in der Auseinandersetzung mit dem Thema entstehen wird. Sie zeigen, welche Teilaspekte innerhalb des Themengebiets wichtig sind und wie diese nacheinander erarbeitet werden können. Dabei geben die Karten Orientierung und strukturieren den Teamprozess durch ihre Reihenfolge.

Das Kartenset beginnt mit den elementaren Aspekten. So schafft die Auseinandersetzung mit den ersten Karten ein grundlegendes Verständnis für das Thema und unterstützt die Arbeit an der eigenen Haltung. Mit den Karten werden die Aspekte nach und nach konkreter und zeigen Umsetzungsmöglichkeiten für die Praxis auf. Insgesamt leiten dich die Karten also von der Haltung zur Handlung.

Weitere Vorschläge dazu, wie du mit diesen Karten arbeiten kannst, findest du auf Karte 2 *Anleitung*.

Das Begleitheft

Dieses Begleitheft ergänzt die Karten um wesentliche Hintergrundinformationen. Im Kapitel »Fragen aus der Praxis« werden typische Herausforderungen der ko-konstruktiven Arbeit dargestellt und du erhältst praktische Vorschläge für den Umgang damit. Im letzten Kapitel »Veränderungsprozesse im Team gestalten« geben wir dir Methoden und Hinweise zur Gestaltung des Teamprozesses an die Hand. Du erfährst, wie du alle Teammitglieder in den Prozess einbinden kannst, wie du dein Team zu Veränderungsprozessen motivierst und vieles mehr.

Impulse statt Rezepte

Erwarte von diesem Begleitheft und den zugehörigen Karten also zahlreiche Mutmacher, Praxisbeispiele und Methoden, um die Arbeit mit den Familien in deiner Einrichtung neu zu denken und zu gestalten. Patentrezepte und ausführliche Lehrbuchauszüge wirst du jedoch vergeblich suchen. Die Karten wollen zur Auseinandersetzung mit eigenen Haltungen, Überzeugungen und der Praxis anregen, um so Veränderungen anzustoßen. Und vielleicht motiviert dich die eine oder andere Karte auch zur tieferen Recherche über das Thema.

Wir wünschen dir und deinem Team einen spannenden Austausch, viele neue Erkenntnisse und eine Menge Spaß auf dem Weg hin zu ko-konstruktiven Lernprozessen mit den Kindern.

Grundlagen

Kitas werden wie nie zuvor als Stätten der Bildung anerkannt. Die Wissenschaft trägt hierzu viel bei und liefert laufend weitere Erkenntnisse zur Bedeutung frühkindlicher Bildung. Daher müssen wir unsere Bildungskonzepte und unser Verständnis von der Rolle der Pädagogin immer wieder überdenken und anpassen. Der Schlüssel zu einer hohen Bildungsqualität liegt in einer kooperativen und kommunikativen Lernatmosphäre, die das Miteinanderlernen in den Mittelpunkt stellt. Den entsprechenden modernen Bildungsansatz bezeichnet man mit dem Begriff der Ko-Konstruktion. Demzufolge konstruieren Kinder ihr Verständnis von der Welt vor allem im Austausch mit anderen Kindern und Erwachsenen. Lernen findet in erster Linie beim Spiel, in Alltagssituationen und im Dialog statt. Die Kinder sind hierbei selbst aktiv, ebenso wie ihre Umwelt, also die Pädagoginnen und die anderen Kinder. Gemeinsam mit den Pädagoginnen gestalten die Kinder ihre ganz eigenen und individuellen Bildungsprozesse.

Das Ziel

Wir leben in einer schnelllebigen und komplexen Welt. Das Wissen der Welt wächst exponentiell, neue (Informations-)Technologien und die Globalisierung verändern unsere Gesellschaft permanent. Bildungsinstitutionen stehen vor der Aufgabe, junge Menschen gut auf die Zukunft vorzubereiten. Über reines Faktenwissen hinaus steht dabei die Stärkung von Kompetenzen im Vordergrund. Es ist zum einen von hoher Bedeutung zu lernen, wie man verlässliche Informationen finden, filtern und verarbeiten kann. Daneben gilt es, das freudvolle Lernen der Kinder zu erhalten und sie dabei zu unterstützen, die Entwicklung ihrer eigenen Kompetenzen zu steuern.

Vernetztes Denken, Kreativität und Kooperation stehen angesichts der hoch arbeitsteiligen Welt und schneller Veränderungen ebenfalls im Fokus der ko-konstruktiven Arbeit. Gemeinsam mit der Fähigkeit zur Problemlösung sollten die Kinder Flexibilität, Selbstvertrauen und Resilienz entwickeln. Diesem hohen Anspruch wird der ko-konstruktive Ansatz gerecht.

Das kompetente Kind

Kinder sind von Geburt an ideal dafür ausgestattet, die Herausforderungen des Lernens zu bewältigen. Sie sind neugierig, experimentierfreudig, beharrlich, kreativ und aktiv. Nie lernt der Mensch so rasant wie in seiner frühen Kindheit, insbesondere im ersten Lebensjahr. Lernen ist für Kinder eine permanente Entdeckungsreise und ein immerwährendes Spiel.

Das Kind verfügt über alle Kompetenzen, Potenziale und Begabungen, die es zur Gestaltung seiner Lernprozesse benötigt. Kinder erforschen ihre Umwelt, um sie im wahrsten Sinne des Wortes zu begreifen und für sich zu ordnen. Sie sind dabei nicht nur Akteure, sondern Konstrukteure ihrer eigenen Welt. Ihr Handeln verfolgt keinen Zweck, sondern findet seine Bestimmung in sich selbst. Kinder sind zum Lernen intrinsisch motiviert: Ihr Lernen ist (zunächst) unabhängig von der Bestätigung durch Erwachsene.

Kindliche Lernprozesse und das ko-konstruktive Bildungsverständnis

Die Ko-Konstruktion beruht auf den Grundlagen des sozialen Konstruktivismus, der maßgeblich von Lew Wygotski geprägt wurde: Jeder Mensch entwickelt für sich eine individuelle innere Vorstellung von der Wirklichkeit. Im Lernprozess konstruieren Lernende diese eigene Vorstellung von der Welt fortlaufend. Immer, wenn ein Mensch etwas Neues lernt, gliedert er diese neuen Informationen an seine bisherige Vorstellung an. Diese Abbilder von der Welt werden auch *mentale Modelle* oder *Repräsentationen* genannt.

Sozialer Konstruktivismus

Betrachten wir die Darstellung: Das Mädchen auf der linken Seite erzählt den anderen Kindern von seinem Kuscheltier: Es hat ein Horn auf dem Kopf, Flügel auf dem Rücken und Sternchen auf dem Bauch. Die anderen Kinder haben andere Kuscheltiere als das Mädchen, deshalb sieht ihre bisherige Vorstellung von »Kuscheltier« aus wie ein Bär oder eine dicke Katze. Die Kinder gliedern nun die neuen Informationen, die ihnen das Mädchen mitteilt, an ihre bisherige Vorstellung von einem Kuscheltier an. Jedes Kind konstruiert eine individuelle Vorstellung vom Kuscheltier des Mädchens, ausgehend von seinem jeweiligen Vorwissen. Jedes Kind hat ein anderes Bild vom Kuscheltier des Mädchens im Kopf. Der soziale Konstruktivismus geht davon aus, dass neue Lerninhalte immer mit bereits bestehenden Erfahrungen verknüpft werden. Das Lernergebnis hängt somit zu einem großen Teil von den Vorerfahrungen des Lernenden ab.

Neues Wissen erlangen

Doch nicht nur die Vorerfahrungen entscheiden über das Lernergebnis. Auch die Art, wie wir neue Informationen erlangen, spielt eine Rolle. In unserem Beispiel erhalten die Kinder verbale Informationen über ein Kuscheltier. Hätte das Mädchen den anderen Kindern ihr Kuscheltier gezeigt (visuelle Information) oder hätten sie gemeinsam damit gespielt (zusätzlich taktile Informationen, ganzheitlich), wären die Vorstellungen der Kinder über das Kuscheltier vollständiger und einander ähnlicher. Je direkter und vielfältiger die Erfahrung der Lernenden mit der Umwelt ist, desto zutreffender können sie ihre Vorstellungen von der Wirklichkeit konstruieren. Für die Pädagogik bedeutet das: Wir sollten umfassende, unmittelbare Erfahrungsräume bieten, in denen die Kinder ihre Umwelt selbst erforschen können. Kinder sollten ihre Umgebung mit allen Sinnen erleben können.

Illustration: Sonja Löffelmann

Die Rolle der Umwelt

Doch vielfältige Erfahrungsräume sind nur ein wichtiger Faktor. Der soziale Konstruktivismus besagt, dass sich Lernen in der Interaktion, also in der Auseinandersetzung mit anderen vollzieht. Folglich ist nicht nur der Lernende im ko-konstruktiven Lernprozess aktiv, auch der Umwelt kommt eine aktive Rolle zu. Kinder ko-konstruieren ihre mentalen Modelle in der Interaktion mit anderen, vor allem im Dialog. Lernpartner können dabei Erwachsene, aber auch andere Kinder sein. In der Interaktion werden Sinn und Bedeutung der Dinge ausgehandelt und gelernt. Aufgabe der Pädagogin ist es dabei, sich aktiv am Lernprozess des Kindes zu beteiligen. Sie greift seine Themen und Interessen auf, vertieft den Prozess durch Fragen und bezieht andere Kinder mit ein.

Das Interesse des Kindes ist ausschlaggebend

Lernen gelingt nachhaltig, wenn das Kind den Sinn dessen versteht, was es lernt. Dann begreift es tiefere Zusammenhänge und kann sein Wissen leichter auf andere Bereiche übertragen. Lernmotivation entsteht, wenn die Bildungsthemen an die Lebenswelt, die Interessen und Bedürfnisse des Kindes anknüpfen. Notwendig ist dafür eine genaue Beobachtung des Kindes und der Wille der Pädagoginnen, jedes Kind als Individuum anzuerkennen mit seinen ganz eigenen Themen, Wegen und Lebensbezügen.

Der nächste Entwicklungsschritt leitet den Prozess

Ein weiteres wichtiges Konzept aus Wygotskis Theorie ist die sogenannte Zone der nächsten Entwicklung. Sie bezeichnet den individuellen Entwicklungsschritt, der für ein bestimmtes Kind als Nächstes ansteht. Das sind die Herausforderungen, die ein Kind gerade noch nicht allein, jedoch mit etwas Unterstützung bewältigen kann. Statt entsprechend der verbreiteten Praxis, den gegenwärtigen Entwicklungsstand zu prüfen, sollten wir also vor allem die Zone der nächsten Entwicklung beachten. Wenn wir feststellen, welche Kompetenzen das Kind momentan entwickelt, können wir diesen Prozess gezielt unterstützen. So vermeiden wir die Unter- oder Überforderung des Kindes, während wir es hinsichtlich seiner Interessen stärken.

Die Beobachtung erfolgt so immer ressourcenorientiert und gerichtet auf die Zukunft. Der pädagogische Impuls kann auf diese Weise der kindlichen Entwicklung immer ein wenig voraus bleiben. Für die Kinder sind Herausforderungen höchst motivierend; sie stellen sich selbst kontinuierlich schwierige Aufgaben. Die Aufgabe für die Pädagogin besteht darin, eine möglichst passende und damit motivierende Herausforderung zu schaffen: schwierig, aber gerade eben machbar, zunächst noch mit Unterstützung (*Scaffolding*). So bleiben Kinder vollkommen ins Lernen vertiefte Wesen, die sich in ihrem Ehrgeiz durch nichts ablenken lassen (*Flow-Zustand*).

Die Rolle der Pädagogin im ko-konstruktiven Bildungsprozess

In erster Linie bildet sich der Mensch selbst. Wie der Selbstbildungsprozess von Kindern verläuft, hängt von ihrer Umgebung ab. Stabile Bindungspersonen, Erfahrungsräume, die alle Sinne ansprechen, und anregende Interaktionen wirken sich positiv auf die Entwicklung aus. Im reinen Selbstbildungsansatz beschränkt sich die Rolle der Pädagogin hauptsächlich darauf, Erfahrungsräume für die Kinder bereitzustellen. Dies ist auch im ko-konstruktiven Ansatz wichtig, allerdings geht die Rolle der Pädagogin darüber hinaus. Im ko-konstruktiven Lernprozess ist die Pädagogin ebenso aktiv wie das Kind. Sie ist in den Lernprozess des Kindes involviert und gestaltet diesen gemeinsam durch die Interaktion mit dem Kind.

Sie beobachtet ganz genau: Sie will jedes Kind mit seinem individuellen Entwicklungs- und Lernprozess genau kennen, um seinen Lernprozess ko-konstruktiv begleiten zu können. Sie greift Themen und Interessen der Kinder auf. Sie ist in ständiger Interaktion mit den Kindern. Durch Impulse und Fragen vertieft sie die Lernprozesse und schafft Verknüpfungen zu anderen Themen. Dabei orientiert sie sich stets am Kind: an seinen Interessen, Bedürfnissen und Kompetenzen. Sie unterstützt die Bildung von Lerngruppen unter den Kindern.

Klassische Lehr- und Lernrollen lösen sich auf

Dabei ist die Pädagogin mit den Kindern auf Augenhöhe und schafft eine von Wertschätzung und gegenseitiger Akzeptanz geprägte Atmosphäre.

Die klassischen Rollen zwischen Lehren und Lernen lösen sich auf. Die Pädagogin hält ihr »Erwachsenenwissen« zurück und gibt den Kindern stattdessen Instrumente an die Hand, um die Welt selbst zu erkunden. So wird aus einer Vermittlerin von Wissen eine Lernpartnerin der Kinder.

Woran erkenne ich, ob eine Kita ko-konstruktiv arbeitet?

Als Erstes fallen einem in der Kita die Kinder ins Auge. Sie verfolgen aktiv eigene Projekte und Ideen, setzen sich Ziele und handeln selbstständig. Sie arbeiten konzentriert, mit Freude und Ehrgeiz an ihren individuellen Herausforderungen. Dabei sind sie ständig im Dialog miteinander und mit den Pädagoginnen. Aktivitäten, Schwierigkeiten und Erfolge werden in Worte gefasst. Die Pädagoginnen verwenden die meiste Zeit des Tages für Gespräche mit den Kindern. Anweisungen und Erklärungen bleiben hierbei selten. Stattdessen prägen ihre Fragen den Austausch.

Die Pädagoginnen betrachten sich selbst als Lernende. Sie sind neugierig darauf, gemeinsam mit den Kindern Neues herauszufinden. Man spürt eine Lernbegeisterung, die die Atmosphäre in der Kita prägt. Gemeinsam streifen Große und Kleine durch das Haus, um zu recherchieren oder gemeinsam etwas auszuprobieren.

Verantwortlichkeiten und Abläufe sind in der Kita klar geregelt. Dadurch können sich die Pädagoginnen auf die Interaktion mit den Kindern einlassen und haben Zeit dafür. Die Kinder werden in viele tägliche Aufgaben mit einbezogen.

Die Pädagoginnen erforschen die Themen und Interessen der Kinder sehr genau, halten sie mit den Kindern gemeinsam fest und besprechen sie im Team. So knüpfen sie immer an das an, was die Kinder beschäftigt. Der Tagesablauf richtet sich nach den Kindern, die auch individuell viel Freiraum genießen.

Die Räume unterstützen die Eigenständigkeit der Kinder. Sie bieten vielfältige Gestaltungsmöglichkeiten für die Kinder, sind klar strukturiert und flexibel nutzbar. Schön im erwachsenen Sinne müssen sie nicht sein. Die Materialien sind abwechslungsreich, überwiegend zweckfrei und werden regelmäßig gemeinsam mit den Kindern überprüft. Das alles ist eingebettet in eine wertschätzende Atmosphäre. Unabhängig vom Alter geben alle einander differenziertes Feedback und nehmen sich gegenseitig ernst.

Methoden

Pädagoginnen benötigen einen reichen Schatz an Methoden, um die ko-konstruktive Lernprozesse mit den Kindern zu gestalten.

Im Folgenden stellen wir dir einige Methoden vor, die dir den Weg hin zur ko-konstruktiven Lernbegleitung erleichtern.

Beobachtungswochen: Einfach mal nichts tun

Ko-konstruktive Lernbegleitung basiert auf intensiver Beobachtung. Nur wer genau beobachtet, kann Themen und Interessen der Kinder erkennen, nächste Entwicklungsschritte identifizieren und darauf pädagogische Impulse aufbauen.
Eine schöne Methode, um sich ganz auf die Beobachtung zu konzentrieren, sind Beobachtungswochen. Für einen vorher festgelegten Zeitraum, beispielsweise vierzehn Tage, gibt es in der Kita keine Angebote, keine Projekte, keine Aktionen, keine Ausflüge. Und auch Dinge wie Entwicklungsgespräche, Feste und Feierlichkeiten finden in diesem Zeitraum nicht statt (außer ein Kind hat Geburtstag). Stattdessen gibt es viel Freispiel drinnen und draußen. Verschiedene Funktionsbereiche schaffen Vielfalt für die Kinder.
In dieser Zeit konzentrieren sich die Pädagoginnen ganz darauf, die Kinder zu beobachten. Hier geht es nicht um den halbjährlichen standardisierten Beobachtungsbogen, sondern nur um die freie Beobachtung. Diese findet ressourcenorientiert, alltagsintegriert und in der Interaktion mit den Kindern statt. Du wirst überrascht sein, wie viel Neues du über die Kinder erfährst. Gemeinsam im Team werden die Beobachtungen dann reflektiert, interpretiert und Rückschlüsse auf die Bildungsarbeit gezogen.

Querdenken erlaubt – auf Themensuche in der eigenen Kita

Manchmal sieht man den Wald vor lauter Bäumen nicht. Auf der Suche nach inspirierenden Projektideen sind Teams manchmal frustriert, weil die Kindergruppe keinen mehrheitlichen Interessen nachgeht, sich nur kurzweilig mit einzelnen Themen beschäftigt oder gruppendynamische Prozesse im Vordergrund stehen.

Beobachtet die Kinder im Freispiel über ein paar Tage hinweg. Sammelt anschließend Lieblingsbeschäftigungen, Spielthemen, Fragestellungen oder auch Konfliktsituationen der Kinder, die ihr identifiziert habt, auf Plakaten, die im Gruppenraum aufgehängt werden. Nun sind alle im Team aufgefordert, Assoziationen zu den Themen dazuzuschreiben. Sucht Querthemen, Verbindendes oder Weiterführendes. Wird zum Beispiel beobachtet, dass sich Kinder oft in einen Wettkampf begeben, wer etwas besser kann oder wer die Stärkste ist, und sich daraus Konflikte ergeben, können Überbegriffe helfen. Wettkampf, Talente, Mut, Ehrgeiz, Chef sein … können den Beobachtungen einen roten Faden verleihen und Aufhänger für ein neues Projekt sein.
Auch kann es helfen, die Themen auf einzelne Karten zu schreiben und anschließend in Gruppen zusammenzufassen. Was haben die Dinos, die Ritterspiele und das Katapult, das spontan im Garten mit den Kastanien gebaut wurde, vielleicht gemeinsam? Ist eine Zeitreise vielleicht ein verbindendes Thema?
Versucht querzudenken, macht den Blick weit und lasst euch auch auf vermeintlich verrückte Ideen ein. Hypothesen der Kinder zu geschickt gestellten Fragen eröffnen dabei oft spannende Bildungsprozesse.

Wahrnehmen, ohne zu bewerten

Jeder Mensch konstruiert sein eigenes Verständnis der Welt. Dieser Grundsatz aus der oben besprochenen Illustration bezieht sich auf alle Menschen, nicht nur auf kindliche Lernprozesse. Auch die Wahrnehmung von Pädagoginnen wird beeinflusst durch Vorerfahrungen und Werte. Je nachdem, wie diese Vorerfahrungen ausfallen, werden zwei Personen, die die gleiche Situation wahrnehmen, diese unterschiedlich bewerten. So kommt es, dass ein Kind, das im Morgenkreis nicht still sitzt, von der einen Pädagogin als störend empfunden wird, während die andere damit kein Problem hat.

Beobachtung oder Interpretation?

Die ko-konstruktive Arbeit basiert auf der Beobachtung der Kinder. Die Gefahr besteht, dass Bewertungen unbewusst vorgenommen und nicht sauber von der Wahrnehmung getrennt werden. In diesem Fall sagt die Beobachtung mehr über die beobachtende Person aus als über das Kind. Es ist daher wichtig, dass Pädagoginnen sich ihrer Interpretationen bewusstwerden und üben, ihre Beobachtung von der Interpretation zu trennen. Folgende Übungen helfen dir dabei.

Wahrnehmung im Alltag üben

Suche dir im Alltag Situationen, in denen du Menschen ganz bewusst beobachten kannst, z. B. im Straßenverkehr an der Ampel, an der Kasse im Supermarkt, beim Arzt im Wartezimmer. Achte darauf, welche Gefühle verschiedene Handlungen dieser Personen in dir auslösen, welche Bewertungen in deinem Kopf entstehen, während du beobachtest. Richte dann immer wieder deine Aufmerksamkeit auf das was du tatsächlich sehen kannst und versuche, die Situation ohne Bewertung für dich zu beschreiben. Unterscheide zwischen beobachtbarem Verhalten und deiner Interpretation und Bewertung.

Reframing

Geht paarweise zusammen. Eine darf die Zuhörende, eine die Erzählende sein. Die Erzählende denkt an eine Situation in der nahen Vergangenheit, in der sie sich geärgert hat und berichtet davon. Die Zuhörerin macht sich Notizen zur Schilderung und versucht festzuhalten an welchen Stellen die Erzählung Bewertungen enthält. Versucht danach gemeinsam negative Bewertungen umzudeuten. Zum Beispiel: ein wildes Kind = ein bewegungsfreudiges Kind; eine hektische Mutter = eine viel beschäftigte Mutter, Vera streitet immer = sie scheut keinen Konflikt, setzt sich für ihre Belange ein; die Kollegin kümmert sich ständig um andere Belange = sie ist fürsorglich und hilfsbereit

Denkt auch darüber nach, wozu das beschriebene Verhalten gut ist. Welche Vorteile, welchen Nutzen bringt es der Person, die sich so verhält? Setzt auch hier einen neuen Rahmen. Eure Hypothesen dazu eröffnen wiederum neue Denkansätze.

Das Reframing ist eine Methode aus dem neurolinguistischen Programmieren (NLP), die oft in der systemischen Familientherapie eingesetzt wird. Übersetzen lässt sich Reframing wörtlich mit »einen neuen Rahmen geben«. Verhalten oder Ereignisse werden dabei so umgedeutet, dass sie in einen anderen, positiveren Kontext gebracht werden.

Mit Kindern ins Gespräch kommen

Oft fällt es Pädagoginnen nicht leicht, mit Kindern Gespräche zu gestalten und lebendig zu halten. Wie kann ich Fragen stellen, ohne auszufragen? Wie kann ich trotz sehr kurzer Antworten des Kindes das Gespräch aufrechterhalten? Man kann lernen, mit Kindern Gespräche zu führen, die sich wirklich um die Themen und Interessen der Kinder drehen. Mit den richtigen sprachlichen Werkzeugen ist es vor allem Übungssache. Beispielfragen findest du im Kasten rechts.

Wenn dir das nächste Mal ein Kind ein gemaltes Bild zeigt, versuche mit den Fragen ein Gespräch über das Bild zu initiieren. Stelle Fragen, die nicht mit »ja« oder »nein« beantwortet werden können. Dadurch regst du den Dialog an und förderst Denkprozesse des Kindes. Beobachte, wie das Kind auf diese Fragen reagiert, welche Gespräche entstehen. Du wirst überrascht sein, wie viel du über das Bild und die Ideen des Kindes dahinter erfahren wirst. Durch seine Antworten lernst du viel über sein ganz eigenes Bild von der Welt und kannst leichter einschätzen, welcher nächste Entwicklungsschritt mit deiner Unterstützung gemacht werden will.

Notiere dir die folgenden Fragen auf einem Spickzettel oder einer Karteikarte und setze sie gezielt im Gespräch mit den Kindern ein:

- Fragen des Staunens: Sieh mal, hast du gemerkt, hast du gesehen?
- Erinnerungsfragen: Woran erinnert dich das? Wann hast du das schon mal erlebt?
- Eigenschaftsfragen: Wie groß, wie schwer, wie fühlt sich das an?
- Vergleichsfragen: Was verbindet, was trennt, was unterscheidet, was ähnelt?
- Handlungsfragen: Was geschieht, wie funktioniert das, was wäre, wenn?
- Problemaufwerfende Fragen: Kannst du eine Methode, einen Weg finden, um …?

Interaktionen mit Kindern reflektieren: Beobachtungsaufträge im Team

Doch nicht nur die Kinder können Gegenstand der Beobachtung sein. Denn um sich als Pädagogin in der Gestaltung von Interaktionssituationen mit Kindern weiterzuentwickeln, ist das konstruktive Feedback einer Kollegin Gold wert. Bitte eine Kollegin, dich in der Interaktion mit Kindern zu beobachten. Das erfordert anfangs etwas Mut, es lohnt sich aber. Wähle deshalb gerne eine Kollegin, mit der du dich wohl fühlst. Die Kollegin kann in der Beobachtungssituation auf die Gesprächsinhalte, auf mögliche Muster, auf die Körpersprache, auf die Art, wie du Fragen formulierst und vieles mehr achten. Anschließend wird gewechselt.

In einem anschließenden Gespräch gebt ihr euch gegenseitig Feedback: Meldet euch vor allem zurück, was besonders gut gelungen ist und formuliert Ich-Botschaften. Es geht nicht darum, die Kollegin zu bewerten! Konzentriert euch also auch hier auf die Stärken und Ressourcen der jeweils anderen.

Wenn ihr es möchtet, könnt ihr euch auch gegenseitig einen Tipp geben. Wählt aber wirklich nur einen Tipp pro Beobachtungssituation, da alles andere entmutigend und demotivierend wirken kann. Die Stärken und Ressourcen der Kolleginnen sollten im Vordergrund stehen.

Diese Übung schult nicht nur eure Beobachtungsfähigkeit und fördert die Interaktionsqualität, sondern tut auch dem Team untereinander sehr gut. Ein Team, das sich gegenseitig positives Feedback geben kann, tut sich auch mit kritischen Rückmeldungen leichter. Mit dieser Übung bildet ihr die Grundlage dafür.

Fragen aus der Praxis

In der Auseinandersetzung mit der Ko-Konstruktion tauchen bei vielen Kita-Teams ähnliche Fragen auf. Hier findest du für typische Herausforderungen konkrete Handlungs- und Lösungsideen:

Die Kinder scheinen durch den Freiraum überfordert zu sein. Was tun?

»Bisher haben wir vor allem in klassischen Angeboten gearbeitet, die wir für die Kinder vorbereitet und mit ihnen durchgeführt haben. Dabei stand am Ende meist ein Ziel oder ein Produkt. Nun versuchen wir uns an der ko-konstruktiven Lernbegleitung. Dadurch scheinen wir die Kinder jedoch teilweise zu überfordern. Sie erwarten von uns Vorschläge und Zielvorgaben, äußern Langeweile und haben Schwierigkeiten, sich selbst Spielideen zu überlegen. Wie sollen wir weiter vorgehen?«

Freiheit muss gelernt werden. Natürlich sind die Kinder zunächst irritiert und vielleicht auch überfordert, wenn die Pädagoginnen sich ungewohnt verhalten. Was wird nun von ihnen erwartet? Was sollen sie tun? Die Kinder verlieren durch einen Wechsel im pädagogischen Vorgehen zunächst ein Stück Sicherheit. Daher solltet ihr den Prozess schrittweise angehen. Startet zunächst mit einem einzelnen Projekt, bei dem ihr ko-konstruktiv Themen und Ideen der Kinder aufnehmt. Im Rahmen dieser Projektarbeit könnt ihr neue Methoden erproben und einüben, ohne gleich den gesamten gewohnten Ablauf zu verändern.

Führt die Kinder offen und gezielt ein in die Veränderungen. Auch die Eltern solltet ihr bei diesem Prozess mitnehmen. Besprecht die Verfahren mit den Kindern und fragt nach ihrer Meinung: Was gefällt ihnen, was mögen sie, was finden sie (noch) schwierig oder doof? Es wird Zeit und viel pädagogische Begleitung brauchen, bis die Kinder eine erlernte Konsumentenrolle überwinden. Du musst es aushalten, wenn die Kinder sich langweilen; denn Langeweile ist eine Grundlage für die Entwicklung von Kreativität und Eigeninitiative.
Beispiel: Ein Kind erscheint überfordert, weil es nicht weiß, was es basteln möchte. Du hältst die Unsicherheit des Kindes aus und bietest keine schnelle Lösung an. Stattdessen begleitest du das Kind in der Herausforderung und unterstützt es bei seiner eigenen Problemlösung. Findet gemeinsam heraus, was die anderen Kinder basteln, oder überlegt miteinander, wo ihr Anregungen finden könntet. Sicherlich kommt das Kind mit deiner Begleitung auf eine Idee. Oder ihr stellt fest, dass das Kind eigentlich gar nicht basteln, sondern lieber zum Lesen in die Kuschelecke gehen möchte. Der Lerneffekt liegt hier nicht beim Bastelvorgang, sondern darin, dass das Kind diese Herausforderung selbst meistert, mithilfe von Selbstregulation, medienkompetenter Recherche und verschiedenen Kreativtechniken.

Achtet zudem darauf, den Kindern ausreichend Sicherheit, Orientierung und Geborgenheit zu geben. Wenn künftig klare Aufgaben und Zielvorgaben als Wegweiser entfallen, muss das Gefühl der Sicherheit auf anderem Wege entstehen. Deshalb ist die Bindung zwischen Pädagogin und Kind in der ko-konstruktiven Arbeit so außerordentlich wichtig. Investiere viel Zeit und Mühe in den Bindungsaufbau. Nutze Visualisierungen, um Orientierung zu geben. Auch Rituale können Sicherheit geben und diese Phase der Veränderung unterstützen.

Was tun, wenn Kinder eine Erklärung einfordern?

Seit einiger Zeit bemühen wir uns, Interaktionen mit den Kindern ko-konstruktiv zu gestalten. Unter anderem versuchen wir, Kinderfragen nicht sofort zu beantworten, stattdessen reagieren wir mit Gegenfragen oder gemeinsamer Recherche. Bei einigen Themen gelingt uns das schon gut. In manchen Situationen fordern die Kinder aber mit Nachdruck eine Erklärung von uns und sind sehr unzufrieden, wenn wir diese nicht geben. Sollen wir hier standhaft bleiben oder ist eine Erklärung ab und zu in Ordnung?

Nicht alle Kinderfragen erfordern ein ko-konstruktives Vorgehen in Reinkultur. Will ein Kind wissen, was es mittags zum Essen gibt, fragt es nach einer konkreten Sachinformation. Wenn du ihm diese vorenthältst, reagiert es zu Recht verärgert oder irritiert.

Aus einer Frage wird ein ganzes Projekt

Oftmals haben die Kinder aber größere, komplexe Fragen, z. B. wie das Mittagessen zubereitet wird. In einem solchen Fall hältst du dich mit Erklärungen zurück. Geht stattdessen gemeinsam in die Küche und schaut euch die Zubereitung an. Mit Sicherheit werden sich zahlreiche weitere Fragen anschließen: Warum werden die Kartoffeln weich, wenn man sie kocht? Wo kommen die Zutaten her? So kann aus der kurzen Kinderfrage schnell ein ganzes Projekt entstehen, nach bester ko-konstruktiver Art.

Ko-konstruktive Chancen wittern

Mit der Zeit wirst du ein Gefühl dafür entwickeln, welche Fragen der Kinder eine ko-konstruktive Lerngelegenheit bieten und wann eine Sachinformation erforderlich ist. In jedem Fall solltest du auf Fragen der Kinder unmittelbar reagieren, auf die eine oder andere Weise.

Der Alltag präsentiert unendlich viele Gelegenheiten für ko-konstruktive Prozesse. Du kannst sie mangels Zeit aber nicht alle aufgreifen und vertiefen. Das macht nichts: Wenn gerade nicht die nötige Zeit und Ruhe für einen Lernprozess zur Verfügung stehen, dann vertagt euch. Notiert interessante Fragen sichtbar, z. B. an einer Pinnwand. Vielleicht reicht dem Kind in der Situation eine vorläufige, knappe Antwort. Auch das ist in Ordnung. Wichtig ist: Du erkennst das ko-konstruktive Potenzial der Situation und entscheidest bewusst, wie du mit der Frage umgehen willst.

Einige Kinder zeigen besondere Begabungen. Wie reagieren wir am besten?

Bei der Beobachtung der Kinder ist uns aufgefallen, dass einige Kinder in bestimmten Bereichen besonderes Talent, Interesse und Begabungen zeigen. Wie sollten wir darauf am besten reagieren? Ist es unsere Aufgabe, die Talente besonders zu fördern, oder sollten wir umgekehrt besonders darauf achten, dass das Kind die anderen Bereiche nicht vernachlässigt?

Manche Kinder verfügen über besondere Begabungen. Dies kann übergreifend oder in einzelnen Bereichen der Fall sein, z. B. sportlich-motorisch, künstlerisch-musisch oder kognitiv. Alle Kinder haben einen Anspruch auf angemessene Förderung (Grundsatz der Inklusion), also auch besonders begabte. Etwa

eines von 50 Kindern ist kognitiv hochbegabt, verfügt also über einen IQ von mehr als 130. In den ersten Lebensjahren ist Hochbegabung schwierig zu entdecken. Die Entwicklung erfolgt mitunter sprunghaft. Zwischen verschiedenen Kindern desselben Alters liegen oft enorme Unterschiede und das ist ganz normal.
Grundsätzlich gilt: Das Kind bestimmt seinen Lernpfad und bekommt die Herausforderungen, nach denen es gerade verlangt. Die Lernbegeisterung jedes Kindes sollte so gut wie möglich unterstützt werden. Dauerhafte Über-, aber auch Unterforderung sind schädlich für die Motivation. Achte besonders auf die Kinder, die von zu Hause weniger Unterstützung erfahren.

Das Umfeld einbeziehen

Zum Glück müssen wir bei der Lernbegleitung nicht selbst alle Antworten kennen, sondern können uns gemeinsam mit dem Kind auf Entdeckungsreise begeben. Spezielle Programme sind nicht nötig, stattdessen feiert ihr die Binnendifferenzierung: Auch hochbegabte Kinder benötigen ein Umfeld, in dem sie gemeinsam mit anderen Kindern auf freie Art spielen und entdecken können. Spezielle Förderung kann bei den Familien angeregt werden, z. B. durch das Erlernen eines Instrumentes oder einen Sportverein. Die Kita sollte wissen, welche Beratungsangebote für begabte Kinder und ihre Familien in der Nähe oder im Netz zur Verfügung stehen.

Unser stressiger Alltag lässt ko-konstruktive Interaktionen nur selten zu

»Wir finden die ko-konstruktive Arbeit großartig und würden gerne mehr auf diese Weise arbeiten. Allerdings ist der Alltag häufig so voll, dass wir dafür keine Zeit haben. Wie können wir die Ko-Konstruktion auch in stressigen Phasen umsetzen?«

Ko-konstruktive Lernbegleitung erfordert keinen zeitlichen Mehraufwand, sie kann uns sogar zeitliche Freiräume verschaffen. Sie erfordert weniger Vorbereitung und befreit von Aktionismus. Oft haben Pädagoginnen den Kopf voller Vorhaben: Der Gruppenraum wartet auf Dekoration, eine Geburtstagsfeier steht an und die Portfolios hat auch noch niemand aus dem Team aktualisiert. All diese Dinge sind im Rahmen ko-konstruktiver Lernbegleitung jedoch nicht so wichtig, wie sie dir vielleicht erscheinen. Der Gruppenraum kann bleiben, wie er ist, die Geburtstagsfeier wird gemeinsam mit einer Kleingruppe von Kindern am Nachmittag vorbereitet, die Portfolios gestalten die Kinder selbst. Der Anspruch der Erwachsenen an Ästhetik und Perfektion wird zugunsten ko-konstruktiver Prozesse zurückgestellt.
Wenn ihr all diese nur scheinbar wichtigen Routinen kürzt und/oder die Kinder einbindet, habt ihr plötzlich Platz im Kopf und Zeit am Tag. Ihr könnt die Kinder aufmerksam beobachten, ihnen wirklich zuhören und euch auf ko-konstruktive Interaktionen mit ihnen einlassen. Es geht um die vielen kleinen Bildungsmomente des Tages, um den Prozess, nicht um das, was am Ende des Tages als sichtbares, »schönes« Ergebnis entstanden ist.

Aber was werden da die Eltern sagen? In der Erwartung vieler Eltern ist Bildung mit sichtbaren Ergebnissen verknüpft. Tatsächlich vollzieht sich frühkindliches Lernen jedoch vor allem im Spiel und in Alltagssituationen. Das gemeinsame Mittagessen mit Tischgespräch ist eine effektive Bildungssituation. Oder der Wurm, der im Garten gefunden wurde. Oder das ausdauernde Rollenspiel, bei dem die Prinzessin den Drachen retten musste … Es ist die dauerhafte Aufgabe der Kita, den Eltern immer wieder aufzuzeigen, wie sich Lernen bei Kindern vollzieht und welche Bedingungen dafür wichtig sind. Zeigt bei einem Elternabend eine Auswahl der vielen Bildungsmomente eines Tages und verknüpft sie mit den Kompetenzen, die die Kinder dabei einüben. Sagt mit Stolz und professionellem Selbstbewusstsein am Ende des Tages: Ja, heute haben wir wieder den ganzen Tag gespielt – und das war auch gut so.

Veränderungsprozesse im Team gestalten

»Nichts ist so beständig wie der Wandel.« Heraklit von Ephesos hatte wohl noch nicht die Welt der Kindertagesbetreuung vor Augen, als er sein berühmtes Motto formulierte. Aber auch für die Kita als Bildungs- und Lebensort gilt, dass Organisation und Arbeitsweise fortlaufend an die sich ändernde Umwelt angepasst werden müssen. Wie gelingt dies am besten, gerade in Zeiten des Personalmangels und steigender Ansprüche von Politik und Eltern? Als Kita-Leitung ist man zunächst gut beraten, fortlaufend den Boden für Veränderungen im Team zu bereiten. Dem gesamten Team sollte klar sein, dass auch die Arbeitswelt der Kita agil geworden ist. Konzepte gelten nicht mehr für Jahrzehnte, sondern befinden sich ständig in einem evolutionären Prozess. Strukturen werden in interdisziplinären Teams angepasst und sofort in der Praxis erprobt, um dann erneut verbessert zu werden. Aufgabe der Führungskräfte ist es daher zunächst, Ängste und »Wachstumsschmerzen« zu erkennen und aufzugreifen. Dies gelingt am besten, wenn man selbst überzeugt ist von der Notwendigkeit der Veränderung. Und: Veränderungsprozesse brauchen ausreichend Zeit und Geduld. Im Folgenden stellen wir dir einige Aspekte, Ansätze und Methoden des agilen Projektmanagements vor, die dich bei der Gestaltung des Teamprozesses unterstützen können.

Zukunftswerkstatt und Ist-Analyse

In einer Zukunftswerkstatt kannst du mit dem Team zu Beginn des Prozesses eine Wunschvorstellung erträumen, aus der anschließend konkrete Ziele abgeleitet werden können. Hilfreich ist es, auch eine Analyse der Ist-Situation durchzuführen. Dabei helfen folgende Fragen:

- Wie hoch ist der Anteil vorgeplanter Angebote in unserem Tagesablauf? Wie viel freie Phasen können wir nutzen?
- Welche Bildungsräume unserer Kita erweisen sich als Entdeckerzonen und bieten vielseitige Anregungen für Kinder? Wo halten sich die Kinder am liebsten auf?
- Wer aus dem Team kann am besten spontan auf Situationen reagieren, wer sorgt eher für klare Strukturen? Wie können sich diese unterschiedlichen Talente gegenseitig ergänzen?
- Welche Stolpersteine erkenne ich im Hinblick auf die Eltern? Wie transparent stellen wir unsere Bildungsarbeit dar? Wo finden Eltern Informationen über Aktivitäten und Bildungsprozesse ihres Kindes?
- Wie lernfreudig ist unser Team? Haben alle ausreichend Fachwissen und Methodenkenntnisse zum Thema? Wie können unerfahrenere Teamkollegen von den »alten Hasen« profitieren und umgekehrt?
- Wenn wir für unsere pädagogische Arbeit Werbung machen müssten, womit würden wir uns rühmen?
- Wie sehr sind unsere Beobachtung und Dokumentation geprägt von einem wahrhaft ressourcenorientierten Blick? Wie viel Zeit investieren wir noch in defizitorientierte Methoden? Wie können wir unsere Verfahren verbessern?

Ängste und Sorgen thematisieren

Veränderungen bringen Unsicherheit und damit Ängste mit sich. Denn wer kann schon vorhersagen, ob das, worauf man sich da einlässt, tatsächlich besser sein wird als die aktuelle Variante? Um Akzeptanz für Veränderung zu schaffen, müssen deshalb vor Beginn des Prozesses alle Bedenken, Ängste und Sorgen auf den Tisch. Dabei geht es nicht darum, diese zu entkräften, sondern darum, ihnen Raum zu geben, sie zu hören und zu beachten. Gemeinsam kann man dann überlegen, was jede Person braucht, um sich auf den Prozess einlassen zu können. Dies könnte beispielsweise das Vereinbaren einer Testphase oder die Unterstützung der Kolleginnen sein.

Wie umgehen mit Widerständen im Team?

Veränderungsprozesse lösen bei allen Teammitgliedern unterschiedliche Gefühle aus. Je stärker der Druck von oben kommt und je weniger die einzelnen Teammitglieder an der gewünschten Veränderung beteiligt sind und mitgestalten können, desto mehr Widerstand entwickelt sich. Innerhalb deines Teams wird es entscheidungsfreudige, mutige Kolleginnen geben, die gerne Neues ausprobieren und wenig Angst vor Fehlern haben. Daneben gib es Skeptikerinnen und die zögerlichen Bewahrerinnen und Bedenkenträgerinnen. Die Vielfalt im Team ist wichtig, um Veränderungsprozesse anzustoßen, diese aber auch zielgerichtet und überlegt umzusetzen. Findet heraus, wer sich im Team tendenziell mit welcher Rolle identifiziert und wie ihr sie gemeinsam nutzen könnt. Analysiert gemeinsam: Welche Bedenken bestehen? Welche individuellen Lösungen gibt es dafür? Geht es wirklich um die Sache oder geht es in Wahrheit um ein ganz anderes Thema? Welche Stimme in mir, welche Rolle im Team spricht? Stellt ein Innovationsteam zusammen, das sich traut, anzufangen. Erste kleine Schritte helfen, Barrieren abzubauen. Richtet den Blick dabei auf die Erfolge und stellt sie transparent für alle dar. Taten überzeugen oft mehr als Worte.

Wie kommen wir im Team zu Entscheidungen?

Veränderungen werden nachhaltig erfolgreich, wenn möglichst das gesamte Team an Bord ist. Wer seine Ideen und Meinungen einbringen konnte, ist später motiviert bei der Sache. Gemeinsam Entscheidungen zu treffen, die von allen mitgetragen werden, ist nicht einfach. Hier findest du einige Tipps, wie ihr im Team zu guten Entscheidungen kommt.

- Vereinbart Testphasen für neue Methoden. Es ist leichter, sich auf etwas Neues einzulassen, wenn die Entscheidung umkehrbar bleibt.
- Es muss nicht immer eine einheitliche Lösung geben. Wenn es gute Gründe gibt, warum in Gruppe A etwas anders gemacht wird als in Gruppe B, warum nicht?
- Um Entscheidungen zu treffen, könnt ihr andere Wege gehen als eine klassische einfache Mehrheit herbeizuführen. Je nach Art der Fragestellung kann man andere Verfahren wählen: qualifizierte Mehrheiten und Veto-Rechte, anonyme Abstimmungen, mehr als eine Stimme, Abstimmung über Alternativen, vorläufige Abstimmungen (Etappenziele) oder auch den Konsens. Die Auswahl der Methode hängt davon ab, welcher Faktor wichtiger ist: Liegt mir vor allem am Herzen, dass das Team gemeinsam eine (Richtungs-) Entscheidung mitträgt, dann sollte ich mit viel Zeit und Geduld an einem Konsens arbeiten. Weniger wichtige Angelegenheiten, die schnell vorankommen sollen, vertragen kurze Diskussionen und einfache Mehrheiten.
- Sei realistisch – es ist selten und in der Regel nicht notwendig, dass alle im Team zu einhundert Prozent glücklich sind mit dem Ergebnis. So mancher lässt sich überzeugen, wenn es bei den Kolleginnen gut läuft. Oder die Skeptikerin übernimmt zunächst die Beobachterrolle.
- Habt ihr eine Entscheidung getroffen, sollte sie verbindlich sein und transparent festgehalten werden. Visualisiere wichtige Entscheidungen z. B. auf einem Plakat und halte sie in Team-Protokoll oder Kita-Logbuch fest.

Jetzt geht's los!

Kinder wollen lernen. Wir sollten sie dabei bestmöglich unterstützen. Dazu braucht es nicht viel, denn alles Wesentliche für erfolgreiche Bildungsprozesse bringen die Kinder bereits mit. Deine Aufgabe ist es, die Feuer, die in den Kindern brennen, weiter zu entfachen. Geh den Weg gemeinsam mit ihnen. Wie? Das ist im Grunde ganz einfach: Sieh dich selbst als neugierige Lernende, nimm jedes Kind mit seinen Interessen, Talenten und Erfahrungen ernst und tausche dich auf Augenhöhe mit den Kindern aus. So wird Ko-Konstruktion lebendig, vor allem im freien Spiel, im lebendigen, geteilten Alltag und bei bunten, wilden, verrückten Projekten.

Über die Autorinnen

KiKu Akademie
Die KiKu Akademie ist die Fortbildungsorganisation der Kinderzentren Kunterbunt Gruppe (KiKu). KiKu betreibt deutschlandweit rund 100 Kindertageseinrichtungen in acht Bundesländern, in denen fast 6.000 Kinder eine erste Bildungsstätte außerhalb der Familie erleben.
Die KiKu Akademie gewährleistet die pädagogische Qualität unserer Einrichtungen durch fachliche Beratung, Fortbildungen sowie ein umfassendes Qualitätsmanagement. Weitere Aufgabe der KiKu Akademie ist die konzeptionelle Arbeit in Form von partizipativen Projekten.
Unser multiprofessionelles Team erarbeitet neben Präsenz-Fortbildungen seit längerem digitale und hybride Angebote (z. B. E-Learnings, Trainings per Video-Konferenz und Lern-Nuggets als Video). Wir richten uns sowohl an die über 1.500 eigenen pädagogischen Mitarbeiterinnen als auch an Fach- und Führungskräfte anderer Träger.

Katharina Blum, Bildungskoordinatorin KiKu Akademie, Erziehungswissenschaft M. A., Fortbildnerin im Elementarbereich.
Bereits während ihres Studiums der Erziehungswissenschaft sammelte Katharina Blum vielfältige Erfahrungen in der Fort- und Weiterbildung für Elementarpädagoginnen. Nach eineinhalb Jahren Kita-Praxis verantwortet sie jetzt die Bereiche Fortbildung und Konzeptionsentwicklung bei KiKu und begleitet Kita-Teams als Trainerin in ihren individuellen Entwicklungsprozessen.

Kaarina Meyn, Juristin, Projektmanagerin KiKu Akademie, Multiplikatorin für Partizipation im Elementarbereich (Institut für Partizipation und Bildung), Fortbildnerin im Elementarbereich und in der überparteilichen politischen Bildung junger Menschen.
Nach einigen Jahren als Koordinatorin für Aus-, Fort- und Weiterbildung sowie Qualitätsmanagement im Bereich Kindertagesstätten bei der Diakonie Rheinland-Westfalen-Lippe ist Kaarina Meyn jetzt im Bereich Qualitätsmanagement von KiKu tätig. Sie konzipiert und begleitet Fortbildungen und entwickelt Konzepte (zuletzt Kinderschutz), natürlich immer höchst partizipativ!

Anke Wolfram, Beratung, Fortbildung und Prozessbegleitung bei der KiKu Akademie.
Anke Wolfram ist Erzieherin, Waldpädagogin und Psychomotorikerin. Im Modellversuch PQB (Pädagogische Qualitätsbegleitung) coachte sie Einrichtungsteams in ihrer Interaktionsqualität. Sie ist Mitglied im Praxisbeirat am Staatsinstitut für Frühpädagogik in München und Autorin des Buches »Naturraumpädagogik in Theorie und Praxis«, Verlag Herder.
Seit 2007 leitet sie die Einrichtung Waldkinder-Regensburg, eine Konsultationseinrichtung für den Bayerischen Bildungs- und Erziehungsplan, die u. a. die UNESCO Auszeichnung »Bildung für nachhaltige Entwicklung« erhalten hat.

Bildnachweis: Gettyimages.de
Cover: Erdark | S. 1: SanyaSM | S. 2: Mediaphotos | S. 6: SanyaSM | S. 14: Erdark | S. 15: Tatyana_tomsickova